LA COMÈTE

DE

CHARLES-QUINT

A-propos, mêlé de couplets, en trois tableaux

PAR

CLAIRVILLE ET LAMBERT-THIBOUST

Représenté pour la première fois, à Paris, sur le théâtre des VARIÉTÉS, le 19 avril 1857.

PARIS
MICHEL LÉVY FRÈRES, LIBRAIRES-ÉDITEURS
RUE VIVIENNE, 2 BIS

1857

Distribution de la Pièce.

JUPITER............................	MM. AMBROISE.
BEAUFUMET........................	CH. POTIER.
ARTHUR............................	THIERRY.
UN PIERROT........................	POTEL.
UN GARÇON DE CAFÉ..............	HECTOR.
LA COMÈTE.........................	Mlles ALPHONSINE.
HERMINIE, femme de Beaufumet......	GENNETIER.
CÉRÈS, planètes.........................	FÉLICIE.
VÉNUS, planètes.........................	BEAUCHAMPS.
JUNON, planètes..................	GEORGINA.
VESTA, planètes.........................	BLANCHE.
PALLAS, planètes.........................	LÉLIA.
UNE JEUNE FILLE, masquée........	MATHILDE.

URANUS, MERCURE, SATURNE, MARS, autres planètes. — Personnages muets.

MASQUES DES DEUX SEXES. — TROIS VALETS.

Toutes les indications sont prises de la gauche et de la droite du spectateur. Les personnages sont inscrits en tête des scènes dans l'ordre qu'ils occupent au théâtre. Les changements de position sont indiqués par des renvois au bas des pages.

LA

COMÈTE DE CHARLES-QUINT

PREMIER TABLEAU.

Le théâtre représente des nuages seulement.

SCÈNE PREMIÈRE.

VÉNUS, PALLAS, CÉRÈS, VESTA, JUNON, URANUS, MERCURE, SATURNE, MARS.

(Au lever du rideau, les neuf planètes sont groupées sur des nuages, et toutes regardent, vers le milieu du théâtre, un endroit caché par un nuage qui s'élève au second plan. — Après quelques mesures d'une musique céleste, qui accompagne cette pantomime, Pallas parle.)

PALLAS.

En vérité, mes sœurs, c'est épouvantable!

VÉNUS.

Et regardez donc là-bas, sur le boulevard des Italiens, la femme de ce gros capitaliste.

JUNON.

Elle entre à la Maison-Dorée.

CÉRÈS.

Avec un acteur de l'Ambigu.

TOUTES.

Ah! quelle horreur!

VESTA.

Et de ce côté?

PALLAS.

C'est la Bourse.

VESTA.

Voyez donc ce Monsieur?

VÉNUS.

Il a gagné trois millions.

CÉRÈS.

Et ce pauvre diable qui les a perdus!..

TOUTES.

Ah! c'est indigne!

VÉNUS.

Mes sœurs, mes sœurs, regardez donc au jardin Mabille.

TOUTES, avec horreur, détournant les yeux.

Ah!

CÉRÈS.

Et là-bas, dans les coulisses de l'Opéra?

TOUTES, même jeu.

Oh!

PALLAS.

Et là-bas, au concert Musard.

TOUTES, même jeu.

Oh!

CHŒUR.

AIR de *la Savonnette* (PILATI).

La terre vagabonde
Et cancane à nos yeux.
Jamais plus affreux monde
N'a tourné dans les cieux!

(Pendant ce chœur les planètes descendent en scène.)

JUNON *.

Oh! c'est affreux!...

VESTA.

C'est épouvantable!...

CÉRÈS.

Oui, mais c'est drôle à voir!...

VÉNUS.

Ah! Cérès, pouvez-vous ne pas être humiliée de la conduite de notre sœur la terre?

JUNON.

Pouvez-vous ne pas en rougir?

PALLAS.

Elle nous scandalise, nous des planètes, qui ne sommes pas nées d'hier, qui ne sommes pas novices.

CÉRÈS.

Mais je suis aussi indignée que vous, et si je ris des folies de notre sœur, c'est qu'il vaut mieux en rire que de s'en fâcher... Que pouvons-nous y faire?

VESTA.

Rien, malheureusement.

JUNON.

Mon Dieu! non, elle est immortelle.

PALLAS.

Immortelle comme nous.

AIR : *Cadet Roussel est bon enfant.*

Car voilà six mille ans, hélas!
Que la terre tourne là-bas.

VESTA.

Six mille ans que tous les maris
Y sont trompés de père en fils.

* Jun. Pal. Vén. Cér. Vest.

PALLAS.

Six mille ans que non moins infâmes,
Les maris y trompent leurs femmes.
Ah! ah!
Croirait-on ça?
V'là six mille ans qu' ça va comm' ça.

TOUTES.

Ah! ah! etc.

CÉRÈS.

DEUXIÈME COUPLET.

Là, chacun va, vient, entre et sort;
On mange, on boit, on veille, on dort;
On rit, on pleure, on se débat;
On danse, on s'embrasse, on se bat;
On travaille, on flâne, on babille;
On s'habille, on se déshabille;
Ah! ah!
Voilà déjà
Six mille ans qu'ils s'amusent comm' ça!

TOUTES.

Ah! ah! etc.

VÉNUS.

On y garde l'argent qu'on prend;
Quand l'un monte, l'autre descend;
On y voit maint particulier,
Qui, la veille, était sans soulier,
Se réveiller millionnaire,
On ne sait de quelle manière.
Ah! ah!
Et dans c' mond'-là
On ne voit pas de mal à ça.

TOUTES.

Ah! ah! etc.

JUPITER, en dehors.

C'est ignoble! vous devriez rougir.

TOUTES, remontant.

Qu'est-ce donc?

VÉNUS.

C'est la voix de Jupiter.

JUPITER, en dehors.

Vous êtes une vieille drôlesse, voilà mon opinion.

CÉRÈS.

Ah! mon Dieu! à qui en a-t-il?

VESTA.

Nous allons le savoir, car le voici. (Jupiter entre par la droite.)

SCÈNE II.

LES MÊMES, JUPITER; il porte une kirielle de journaux sous son bras.

JUPITER*.

AIR du *Coiffeur* (CLAPISSON).

Ah c'est odieux,
C'est affreux,
Scandaleux!...
J'en suis honteux,
Foi de monde et d'homme!
Et, pour le coup,
Je regarde surtout
La terre comme
Un rien du tout!
Ah! mes enfants, quelle aventure!
La terre vient de m'envoyer
Sa nouvelle littérature,
Tous ses journaux, pour m'égayer...
Voyez donc ce qui nous arrive;
A votre tour parcourez-les...
(Donnant les journaux.)
D'abord c'est la Locomotive,
Et puis le Méphistophelès.
Ils sont tous
A deux sous,
A trois sous!
Ah! c'est odieux!
C'est affreux!
Scandaleux! etc.

VÉNUS.

Eh! quoi, ces journaux vous arrivent de la terre.

JUNON.

Mais comment?

VESTA.

Par quel miracle?

JUPITER.

Mes petits enfants vous me connaissez, vous savez que Jupiter est le plus grand, le plus chaste et le plus innocent des mondes.

TOUTES.

Ah! par exemple!

PALLAS.

Eh bien! et nous?

JUPITER.

Je suis plus innocent que vous, c'est bien connu, même de ceux qui ne me connaissent pas... Eh bien! j'étais à rêvasser sur ma grosse boule, quand tout à coup je crus distinguer au milieu des nuages un objet de forme ronde qui se balançait

* Jun. Pal. Vén. Jup. Cér. Vest.

gracieusement en montant jusqu'à moi; je regarde, je tends la main, et je saisis, quoi? un ballon!

TOUTES.

Un ballon!

JUPITER.

C'était la terre qui m'envoyait ses productions pour m'inculquer son mauvais esprit, afin que je vous l'inculquasse et que nous l'inculquassions à tout le firmament.

CÉRÈS.

Mais enfin, que vous envoyait la terre?

JUPITER.

D'abord toutes ses pièces de théâtres.

TOUTES.

Ah! voyons, voyons.

JUPITER.

Jamais, jamais! Je n'en ai lu qu'une : *La Dame aux mollets d'azur!..*

TOUTES.

Eh bien?

JUPITER.

Cette comédie de mœurs m'a suffisamment édifié... j'ai jeté tout le paquet dans une de mes quatre lunes.

TOUTES.

Ah!

JUPITER.

Vous les regrettez... attendez, ce n'est pas tout. (**Pendant le couplet suivant, il leur distribue les journaux à mesure qu'il les nomme.**)

AIR de J. NARGEOT.

Ce ballon renfermait
Des journaux et des pièces;
Ce ballon m'apportait
Tout l'esprit que sur terre on fait.
Ce sont toujours les mêmes gentillesses,
Le même goût, presque les mêmes mots;
Et les journaux n'ont que l'esprit des pièces
Qui n'ont aussi que l'esprit des journaux.

Cherchons les plus farceurs,
Chroniqueur et chronique.
Ces deux journaux conteurs
Comptent beaucoup d'imitateurs.
Chaque journal veut avoir sa chronique.
Pour sa chronique il faut des chroniqueurs,
Et le lecteur éprouve un mal chronique,
En chroniquant avec ces chroniqueurs.

A ses contemporains
Pour témoigner sa haine,
Un auteur des plus craints
Publia les Contemporains.

Voyez, voyez le fameux Diogène!
Tous les portraits des grands hommes nouveaux
Sont dessinés par lui chaque semaine,
Et, s'ils sont grands, certe ils ne sont pas beaux.

Là, dans ce numéro
D'un journal sardonique,
On voit incognito
Bazile écrire à Figaro.

Polichinelle!... il a fermé boutique,
Et l'on a dit... hélas! c'est trop réel...
Qu'il succombait faute d'une pratique...
Or, sans pratique, adieu Polichinel!

Roger Bontemps, voilà
Le journal chansonnette!
D'autres avaient déjà
Fait chanter avant celui-là.

Mais qu'ai-je dit? mes enfants je m'arrête.
Plus imprudent que ce que j'ai blâmé,
Je m'aperçois que je suis aussi bête...
Heureusement je n' suis pas imprimé.

Et, même, en ce moment,
Ma conduite
Mérite
De notre firmament
Un premier avertissement..

TOUTES.

REPRISE.

Et, même en ce moment,
Sa conduite, etc.

(Sur la reprise du refrain les planètes auxquelles Jupiter a distribué les journaux se mettent à lire.)

JUPITER, s'en apercevant.

Eh bien! qu'est-ce que je fais donc, moi?.. Je leur laisse entre les mains ces écrits dangereux!..

VÉNUS, riant.

Ah! ah! ah! ah!

CÉRÈS, de même.

Ah! ah! ah! ah!

TOUTES, de même.

Ah! ah! ah!

JUPITER.

Et tenez, les voilà qui rient toutes... (Arrachant les journaux.) Voulez-vous bien me rendre ça tout de suite?

PALLAS.

Ah! mon *Figaro!..*

JUNON.

Mon *Triboulet!..*

CÉRÈS.

Mon *Polichinelle!..*

JUPITER, jetant les journaux au fond, derrière un nuage.

Est-ce que vous croyez que je vous apporte des polichinelles pour jouer avec? Eh bien! voilà pourtant ce que c'est que la contagion. Étonnez-vous après ça si de simples mortels s'amusent de ces cocasseries, lorsque des planètes elles-mêmes.. Mais malheureuses, vous ne savez donc pas que le firmament est dans un état déplorable; toutes les étoiles filent; où filent-elles? je n'en sais rien; mais elles filent quelque part, et ce quelque part, je tremble de le deviner.

CÉRÈS.

Est-ce que vous supposeriez?..

VÉNUS.

Allons donc!

AIR : *De sommeiller encor, ma chère.*

Cette crainte serait futile,
Et n'est-il pas plus naturel
De voir, dans l'étoile qui file,
Une âme qui remonte au ciel?

JUPITER.

Non, du ciel déchirant les voiles,
Je crois plutôt, et je le dis,
Que du firmament les étoiles
Filent, pour descendre à Paris?

TOUTES.

Quoi! du firmament les étoiles
Filent, pour descendre à Paris?

PALLAS.

Mais si cela était?..

CÉRÈS.

La terre l'emporterait sur nous.

VÉNUS.

Et nous le souffririons?

JUPITER.

Non, nous ne le souffrirons pas, j'ai eu une petite idée... oh! mais une petite idée... canaille... mais bien jolie.

TOUTES.

Ah!

JUNON.

Voyons l'idée...

JUPITER.

Vous n'êtes pas sans avoir entendu parler de la fameuse comète de Charles-Quint?..

CÉRÈS.

Si nous en avons entendu parler!

VÉNUS.

Cette comète redoutable qui, en 1531, passa si près de la terre.

JUPITER.

Eh bien! mes petits enfants, ayant appris que le 13 juin 1857 elle devait y repasser, encore un peu plus près, je lui ai écrit de venir me parler en passant.

PALLAS.

A la comète?

VÉNUS.

Et que voulez-vous lui dire?

JUPITER.

De passer si près, si près de la terre, qu'il n'en soit plus question!

TOUTES.

Ah!

CÉRÈS.

Eh bien! c'est une jolie idée que vous avez eue là.

JUPITER.

N'est-ce pas?

VÉNUS.

Mais elle est affreuse!

JUNON.

Elle est inhumaine!..

PALLAS.

Elle est féroce!

CÉRÈS.

Et très-dangereuse pour nous-mêmes... car elle est très-brutale, cette comète, et en l'appelant ici, vous nous exposez à de fâcheux carambolages...

JUPITER.

Non, je l'ai priée dans ma lettre de déposer son accessoire au vestiaire du firmament.

VÉNUS.

Mais fracasser la terre, immoler notre sœur!

JUPITER.

Je m'en fiche pas mal de ma sœur, une planète qui s'affiche comme une lorette, un monde qui se conduit comme un demi-monde.

VÉNUS.

Ah! le fait est qu'elle est bien décolletée.

JUPITER.

Voulez-vous donc que l'exemple nous gagne?.. Voulez-vous faire des calembours, composer des tragédies, porter des sous-jupes?

TOUTES.

Ah! ce serait affreux!

JUPITER.

Eh bien! laissez-moi donc faire.

AIR de MONTAUBRY.

Finissons-en, et d'une sœur pareille,
Oui, c'est à nous de délivrer les cieux!
Finissons-en, la terre est assez vieille;
Finissons-en, ce monde est assez vieux.

TOUTES.

Finissons-en, et d'une sœur pareille, etc.

JUPITER.

C'est assez de mœurs trop faciles,
Assez d'esprit de mauvais goût...
C'est bien assez de vaudevilles,
Bien assez de drames surtout!
Puisque la terre nous chagrine,
Brisons cette vieille machine.
Qu'on extermine
Ce monde-là!
Tout brûlera!
Tout rôtira!
Tout grillera!
Tout flambera!
On en dira
Ce qu'on voudra...
Mais la terre disparaîtra!

REPRISE.

TOUTES.

Finissons-en, et d'une sœur, etc.

JUPITER.

Quand la comète flamboyante
Sur la terre se jetera,
Dans des flots de lave bouillante
Tout le monde barbotera;
Et l'on verra la Circassie,
Le Sénégal et la Russie,
De compagnie,
Nager un jour,
Avec Hambourg,
Le Mecklembourg,
Le Luxembourg,
Même Fribourg,
Hambourg.
Cherbourg,
Et Pétersbourg,
Au boulevard de Strasbourg!

REPRISE.

Finissons-en, et d'une sœur...

TOUTES.

Finissons-en, et d'une sœur... etc.

(Après ces couplets, un grand vacarme se fait à la cantonade.)

TOUTES.

Ah! mon Dieu! quel est ce bruit? (Musique à l'orchestre.)

VÉNUS, regardant à gauche.

C'est elle! c'est la comète!

JUPITER, de même.

Elle vient d'accrocher la lune!

CÉRÈS.

Ah! mon Dieu! si elle nous accrochait. (Toutes se réfugient au fond, à droite.)

JUPITER, à la cantonade de gauche.

Eh! là-bas! déposez, déposez votre prolongement... Ah! elle s'arrête... elle dépose sa queue au vestiaire... (Ritournelle de l'air suivant.)

VÉNUS.

Oh! c'est égal, j'ai peur!

JUNON.

Je tremble!

VESTA.

La voilà!

TOUTES, tremblant.

La voilà!

SCÈNE III.

LES MÊMES, LA COMÈTE.

LA COMÈTE, entrant vivement par la gauche *.

AIR du *Brigand napolitain* (TH. THENARD).

Faites place,
Que je passe!
On voudrait m'arrêter en vain.
Foi de comète,
Quand on m'arrête,
Je brise tout sur mon chemin!
Sans me couvrir de voiles,
Dans mon riche appareil,
Je charme les étoiles,
La lune et le soleil!
Et jamais rien n'arrête
Mon voyage éternel...
Dieu fit de la comète
Le juif errant du ciel!

Faites place,
Que je passe!
On voudrait m'arrêter en vain.
Foi de comète,
Quand on m'arrête,
Je brise tout sur mon chemin!

* La com. Jup. Vén. Cér. Pal. Jun. Vest.

JUPITER, se reculant.

Un instant! hé! n'allez pas me briser.

LA COMÈTE.

Que peux-tu craindre, puisque j'ai déposé mon appendice à la porte?

JUPITER.

Vous êtes bien sûre qu'il n'y a pas de danger ?

LA COMÈTE.

Mais non.

TOUTES.

Oh! alors... (Elles se rapprochent de la comète.)

LA COMÈTE *.

Tu m'as écrit, que me veux-tu ?

JUPITER.

Voici la chose : Nous avons appris que vous alliez passer entre la terre et le soleil?

LA COMÈTE.

Oui, c'est mon itinéraire, le vais faire un petit tour par là.

JUPITER.

Beaucoup plus près de la terre que du soleil.

LA COMÈTE.

Oui, et je n'en suis pas fâchée; je n'ai fait que l'entrevoir à mon dernier voyage, et ça m'a paru drôlet... Il y avait beaucoup d'hommes cuirassés de fer dans une grande campagne et qui se flanquaient des tripotées... Oh! se cognaient-ils, mon Dieu! se cognaient-ils !

JUPITER.

Eh bien ! ils se cognent toujours, et à toutes sortes de choses, à coups d'épée, à coups de plume, à coups de millions... Et si encore ils se bornaient à se battre, à se dévorer, nous les laisserions faire; mais ils se volent, ils se grisent, ils s'embrassent, ils cancanent... et tout cela est d'un très-mauvais exemple pour les autres planètes... C'est pourquoi je voulais te prier de t'approcher tout près, et de lui donner un petit coup de queue en passant... Psitt!..

TOUTES.

Psitt!..

LA COMÈTE.

Moi! que j'extermine cette pauvre terre qui ne m'a rien fait?

JUPITER, montrant un journal qu'il a gardé.

Elle ne t'a rien fait! attends! attends! (Ouvrant le journal et lisant.) « C'est à tort que l'on s'épouvante du passage de la comète, dite de Charles-Quint. Cette comète viendrait heurter la terre, qu'elle s'y aplatirait comme une mouche qui voudrait arrêter une locomotive lancée à toute vapeur. Les comètes ne sont pas des corps; elles n'ont aucune consistance; ce qu'on appelle leur noyau est un amas de vapeurs sans formes régulières. »

* Jun. Pal. Vén. la com. Jup. Cér. Vest.

LA COMÈTE.

Je n'ai aucune consistance!.. et mes formes ne sont pas régulières!..

JUPITER.

C'est-à-dire qu'on te fait passer pour bancale et bossue... et c'est signé par un membre de l'Académie des sciences.

LA COMÈTE.

Cristi! pristi! sapristi!

JUPITER.

Et tu refuserais d'aplatir ces gens-là?

LA COMÈTE.

Oh! qu'on ne me pousse pas à bout!..

AIR : *Polka des deux vieilles gardes* (DELIBES).

C'est une horreur!
J'étouffe de fureur!
Et, cependant,
Il est prudent
De réfléchir,
Avant d'anéantir
Un monde, qui
N'est pas fait d'aujourd'hui.
Au milieu de mes détracteurs,
De tous mes calomniateurs,
Je puis y trouver de bons cœurs,
Et même des admirateurs.
J'aurais tort de les chagriner,
Et je veux tout examiner
Avant de tout exterminer.
Tu m'appelas,
Et j'ai doublé le pas;
J'ai, grâce à toi,
Du temps à moi.
Or, dès ce soir,
Je veux aller les voir,
Et leur parler,
Avant de les brûler.
Mais je veux agir prudemment,
Et craignant un événement,
Au vestiaire du firmament,
Je laisserai mon ornement.
Tout dépendra de leur accueil:
Je serai bonne et sans orgueil,
Si, là-bas, on me fait de l'œil!
Mais si j'y suis
Au milieu d'ennemis,
Oh! sans merci,
J'accours ici,
Et je reprends,
Chez vous, en même temps,

Avec bonheur,
Ma queue et ma fureur!

CHŒUR.

Mais si tu vis
Au milieu d'ennemis,
Oh! sans merci,
Reviens ici :
Vite reprends
Chez nous, en même temps,
Avec bonheur,
Ta queue et ta fureur!

JUPITER.

Comment, tu ne crains pas de t'exposer?..

LA COMÈTE.

Que puis-je craindre? Les hommes ont plus peur de moi que je n'ai peur d'eux. D'ailleurs, il me sera toujours facile de leur échapper... Allons, c'est décidé, je pars...

TOUTES LES PLANÈTES.

Mais si pourtant...

LA COMÈTE.

Je pars, vous dis-je... Vous êtes toutes des poules mouillées.

TOUTES.

Des poules mouillées!..

LA COMÈTE, regardant à droite.

Justement, j'aperçois un rayon de soleil qui va me conduire. Allons, sans adieu!

AIR : *Bon voyage, mon cher Dumollet.*

En voyage!
Je ne crains rien.
Portez-vous bien,
Moi, j'aurai du courage.
Du voyage
Je reviendrai,
Mais le plus tard que je pourrai.

JUPITER, à part.

Ah! ce ballon que m'envoya la terre!...
Je veux la suivre et la guetter.

LA COMÈTE.

Afin qu'un jour la vérité m'éclaire,
C'est à Paris que je veux m'arrêter.

ENSEMBLE.

CHŒUR.

Bon voyage!
Portez-vous bien.
Ne craignez rien,
Bonne chance et courage!
Bon voyage!

Vous reviendrez,
Et plus tôt que vous ne voudrez!

LA COMÈTE.

En voyage, etc.

(La comète sort par la droite. — Toutes les planètes se groupent au fond et la suivent des yeux. — Le théâtre change.)

DEUXIÈME TABLEAU.

Le couloir des premières à l'Opéra.

SCÈNE PREMIÈRE.

FOULE DE MASQUES, PIERROTS, DÉBARDEURS, se pressant, criant et gesticulant; puis LA COMÈTE.

(On entend la musique du bal pendant toute la scène.)

LA COMÈTE, entrant vivement par la droite; elle porte un domino bleu par-dessus son costume du premier tableau, et tient un masque à la main.

Ah! quelle foule! tombée ici en plein bal de l'Opéra... quelle cohue! Mais tous ces gens-là sont fous, et ils ont la manie de me prendre la taille! (Un pierrot qui s'est approché d'elle, lui prend la taille.) Encore!..

LE PIERROT, un peu gris *.

Une douzaine d'huîtres et mon cœur. Veux-tu, mon ange?

LA COMÈTE, effrayée.

Il me tutoie!

LE PIERROT.

De quoi? on fait des manières! En v'là une biche!

LA COMÈTE.

Il me traite de biche! Ah! mais je vais aller chercher ma queue.

LE PIERROT.

Amour et écrevisses.

LA COMÈTE, à part.

Il faut prendre le ton de la localité... (Changeant de ton.) Passez votre chemin, pochard. (Elle lui donne un soufflet en passant à droite.)

LE PIERROT **.

S'cusez! J'arrête les frais! (Il sort par la gauche.)

LA COMÈTE.

En voilà un vilain monde, et que je rôtirai de bon cœur. (Arthur entre par la droite en costume de fantaisie.)

* La com. le pier.
** Le pier. la com.

SCÈNE II.

LA COMÈTE, ARTHUR, ensuite BEAUFUMET.

ARTHUR, consultant sa montre.

A deux heures, sous l'horloge... J'ai encore vingt minutes... J'ai pris ce costume pour être plus séduisant.

LA COMÈTE, à part, mettant son masque.

Tiens! un jeune homme.

ARTHUR, à part.

Un domino! si je profitais... (Il tourne autour de la comète.)

LA COMÈTE, à part.

Ah! ce mortel est bien plus gentil que les autres.

ARTHUR, à part*.

Bah! je serais peut-être volé... filons sous l'horloge. (En sortant, il heurte Beaufumet qui entre par la gauche. Haut.) Prenez donc garde, imbécile.

BEAUFUMET, ôtant son faux nez**.

Arthur!

ARTHUR.

M. Beaufumet! (A part.) Le mari ici!..

BEAUFUMET, vivement.

Chut!.. je suis ici incognito... (Le prenant sous le bras.) Ce cher Arthur! Venez donc me voir... j'ai une affaire superbe qui fait quarante francs de prime; c'est magnifique!

ARTHUR.

Pour les actionnaires?

BEAUFUMET.

Non, pour moi... vous comprenez bien... (Il lui parle bas.)

ARTHUR, se récriant.

Oh!..

BEAUFUMET.

Ah! mon ami, les affaires... sont les affaires... (Tout en causant, ils sortent par la droite.)

LA COMÈTE, se démasquant.

C'est un vieux filou!.. Ah! quelle ville!.. quel monde!.. Oh! je crois que j'en ai assez vu, et que je puis...

ARTHUR, rentrant par la droite***.

Je m'en suis débarrassé. (Se trouvant en face de la comète.) Tiens... mais elle est très-jolie!.. (Elle remet son masque.) Oh! je t'ai vue!.. et tu ne m'échapperas pas!..

LA COMÈTE, à part.

Ah çà! tout le monde se tutoie donc, ici?

ARTHUR.

Veux-tu souper?

* Art. la com.
** Beau. Art. la com.
*** La com. Art.

LA COMÈTE.

Souper ?.. pour qui me prenez-vous?

ARTHUR.

Allons, sois gentille... Ton bras, ma toute belle.

LA COMÈTE.

Monsieur, sans vous connaître...

ARTHUR.

Voici mes titres : Truffes au vin de Champagne... asperges en branches... cailles en caisse...

LA COMÈTE, plus faiblement.

Monsieur...

ARTHUR.

Ananas au madère!

LA COMÈTE, prenant son bras.

J'accepte!.. (A part.) Il est très comme il faut, ce petit-là!.. (Haut.) Petit, tu es très comme il faut... (A part.) Tiens, je l'ai tutoyé!..

ARTHUR.

Tais-toi, méchante!.. (Ils sortent par la droite, bras dessus bras dessous. — Cris et rires en dehors, à gauche.)

SCÈNE III.

JUPITER, seul, en sauvage, avec une massue, un faux nez et de grandes bottes vernies. Il entre par la gauche, en brandissant sa massue, et, arrivé au milieu du théâtre, il dit :

Parisiens de 1857, tas de faux bonshommes, dansez, pincez le quadrille des Lanciers; pincez-le bien, ce quadrille bête... bientôt vous en danserez un de ma façon... Quant à ce costume pittoresque, je l'ai pris afin de pouvoir dire des sottises à la société... c'est bon de pouvoir dire des sottises à la société; ça ne la corrige pas, c'est vrai, mais ça soulage. Mensonges, hypocrisie, baisers de Judas... arrière! le 13 juin approche... Gare là-dessous!..

AIR de *Victorine*.

On va brûler tout ça !
Déjà
La comète
S'apprête,
Et bientôt sonnera
L'heure où la terre finira.
Vieillards de vingt-cinq ans,
Adonis de soixante,
Exploités, exploitants,
Jobards et charlatans,
Débiteurs, créanciers,
Trafiquants sans patente,
Banquistes, usuriers,
Caissiers, huissiers, portiers,

On va brûler tout ça, etc.
Tous ces attraits menteurs
Dus à des maquillages,
Ces femmes aux visages
Fardés comme leurs cœurs ;
Et ces appas surtout,
Que le diable combine
En fer, en crinoline,
En zinc, en caoutchouc !
On va brûler tout ça, etc.
Ces cafés, vrais bazars,
Horribles tabagies,
Où cent mille bougies
Éclairent cent billards ;
Ces fiacres, qui jamais
Ne marchent qu'à la course,
Et même de la Bourse
Les quatre tourniquets !
On va brûler tout ça, etc.
Faux savants, faux esprits,
Faux airs, fausses dorures,
Faux poids, fausses mesures,
Faux maris, faux amis,
Faux billets,
Faux corsets,
Faux amours, faux langages,
Faux cols, faux nez, faux sages,
Faux toupets,
Faux mollets !
On va brûler tout ça, etc.

Sapristi ! cornes de bœuf ! sac à papier ! soyons sans pitié pour les faiblesses humaines !.. (Beaufumet entre par la droite.)

SCÈNE IV.

JUPITER, BEAUFUMET, ensuite HERMINIE.

BEAUFUMET, avec son faux nez.

Et je ne trouve pas de femme !... je voudrais pourtant bien faire une petite connaissance pour la conduire au fameux souper que je donne dans mon petit hôtel du faubourg que je viens de faire dorer sur tranche... Mon Dieu ! que je voudrais donc faire une petite connaissance.

HERMINIE, venant de la gauche, en domino, à part*.

Ciel ! M. Beaufumet ! mon mari !

JUPITER, qui se trouve près d'elle, à part.

Ah ! bah !..

BEAUFUMET, en voyant Herminie qui sort vivement par la gauche.

Oh !.. en voilà une !..

* Herm. Jup. Beau.

JUPITER, à part *.

Soyons moral. (Haut, en arrêtant Beaufumet qui veut suivre Herminie.) Monsieur, vous vous appelez Beaufumet ?

BEAUFUMET.

Oui, Monsieur.

JUPITER.

Voyez-vous ce domino rose avec une aiguillette bleue?..

BEAUFUMET.

Oui, là-bas... que ce polichinelle embrasse?

JUPITER.

Justement... c'est votre femme.

BEAUFUMET, passant à gauche.

Ma femme! Monsieur, vous me trompez !

JUPITER **.

Sapristi!.. ce n'est pas moi, qui vous trompe.

BEAUFUMET.

Ma femme! Herminie! (Se mettant à courir.) Ah! si ce n'est pas vrai, brigand, je te retrouverai! (Il sort par la gauche.)

JUPITER.

C'est comme cela qu'il me remercie!.. C'est égal, soyons moral jusqu'au bout.

UN GARÇON, qui vient d'entrer par la gauche, portant un glace sur un plateau ***.

Un sauvage!.. c'est ça. Monsieur, c'est vous qui avez demandé cette glace?

JUPITER.

Ce doit être moi.

LE GARÇON.

C'est payé, n'est-ce pas, Monsieur?

JUPITER.

Ce doit l'être.

LE GARÇON.

Oui, on me l'a dit. (Il sort par la droite.)

JUPITER, seul.

Qu'est-ce que c'est que ça?.. Goûtons. (Il goûte.) O sapristi, que c'est froid!.. oh! mais, sapristi! que c'est bon!.. c'est froid d'abord, mais ensuite c'est délicieux! (Mangeant la glace.) Oh! sapristi, oh! sapristi!.. que c'est donc bon. (Il sort par la gauche.)

SCÈNE V.

LA COMÈTE, seule, entrant par la droite.

A quatre heures sous l'horloge, m'a dit ce jeune homme. — Irai-je?.. *Il a du physique*... il est très-poli... Voilà sa carte... Arthur, rue Laffite... C'est un fils de famille... mon Dieu!.. est-ce qu'il m'aurait donné dans l'œil?

* Jup. Beau.
** Beau. Jup.
*** Le garç. Jup.

AIR de *Sturm* (galop)

Son langage est galant;
Il séduit en parlant;
Son sourire est coquin,
Son œil américain;
Il a des bagu's aux doigts,
Des petits faux cols droits,
Les gants les plus Jouvin...
Ça doit être un gandin!
L'opéra!.. quel charmant séjour,
Quand Arthur m'y parle d'amour!
Cet enfer si spirituel
Enfonce le septième ciel!
Ici les plaisirs nous attirent :
Partout des heureux,
Partout des yeux
Qui nous admirent!
Partout des maris qui conspirent,
Des danseurs joyeux,
Et des amoureux
Qui soupirent!
Sans façon, l'on se cherche, on s'enlace,
On se parle, on s'adore, on s'embrasse!..
Oh!..
C'est bien séduisant, c'est bien gracieux,
Mais c'est un exemple assez dangereux...
Car, moi, près d'Arthur, je me trouvais mieux,
Oui, bien mieux
Que dans les cieux!
Il me disait tout bas :
« J'adore tes appas,
« Tes grands yeux étonnés,
« Ton charmant petit nez. »
Il voulait planter là
Les maîtresses qu'il a.
Puis-je, après tout cela,
Brûler ce gredin-là?

SCÈNE VI.

LA COMÈTE, HERMINIE, ensuite BEAUFUMET.

HERMINIE, entrant précipitamment par la droite.

Madame!.. sauvez-moi... je suis perdue.

LA COMÈTE.

Perdue?

HERMINIE.

Mon mari me cherche... Entre femmes on doit se protéger, changeons de domino...

LA COMÈTE.

Volontiers!.. (Changeant de domino avec Herminie.) Vous ne vou donc pas que votre mari vous retrouve.

HERMINIE.

Ici? oh!.. non, il me croit malade, il me croit endormie... et s'il savait que j'ai un rendez-vous... merci... merci... (Elle se sauve par la gauche.)

LA COMÈTE, seule.

Un rendez-vous!.. Je te prête mon domino, mais je te brûlerai, va, drôlesse... tromper son mari, un honnête homme, peut-être... qui lui est fidèle, peut-être... (Elle se masque.)

BEAUFUMET, entrant par la droite et voyant la comète; à part*.

Le domino rose... l'aiguillette bleue!.. c'est elle! (Haut, en s'approchant de la comète.) Madame, votre conduite est indigne!..

LA COMÈTE, à part.

Le mari!..

BEAUFUMET.

Vous m'avez dit que vous aviez la grippe, et vous vous êtes introduite devant moi dans votre lit en bois de rose de mon hôtel doré de la rue de Provence. Comment se fait-il que je vous retrouve ici dégrippée et sous ce domino?

LA COMÈTE.

Monsieur, je ne sais pas ce que vous voulez me dire.

BEAUFUMET.

Infâme!.. (Otant son faux nez.) J'ôte mon nez, Madame... mais ôtez donc votre masque... (Il le lui arrache.) Pristi!.. ce n'est pas ma femme!..

LA COMÈTE, avec dignité.

Monsieur, j'ignore si le chaste front de votre innocente épouse repose en cet instant sur l'oreiller de la fidélité, mais vous m'avez brutalement arraché mon masque, manquant ainsi à tous les égards que l'on doit à la faiblesse de mon sexe. Ah! Monsieur, au premier abord on vous prendrait pour un homme du monde, il m'est pénible de voir que j'ai affaire à un savoyard.

BEAUFUMET.

Madame, croyez à mes regrets!(A part.) Elle est charmante... (Haut.) On m'avait trompé... un misérable que je retrouverai; soyez sûre, Madame, que je suis honteux... (A part.) Elle est ravissante.

LA COMÈTE, passant à droite.

C'est bien, Monsieur, c'est bien...

BEAUFUMET**.

Non, Madame, je ne puis vous quitter sans m'être fait connaître... Alfred Beaufumet, capitaliste sérieux, gérant responsable de plusieurs sociétés... je lève huit cent mille.

LA COMÈTE, à part.

Il est si fort que ça?

* La com. Beau.
** Beau. la com.

BEAUFUMET.

Après ce qui vient de se passer, mon langage va vous surprendre; mais je suis riche, voilà mon excuse; vous êtes jeune, vous êtes belle, et je vous dois une réparation; voulez-vous un logement capitonné, un brown, des services vieux sèvres, de l'argenterie, des omnibus du Mississipi, des esclaves au teint bronzé?.. dites un mot, un seul mot, et...

LA COMÈTE.

Monsieur!

BEAUFUMET, à part.

J'ai été trop loin.

LA COMÈTE.

Oser me proposer à moi un logis capitonné?.. Mais d'abord, dans quel quartier me ferez-vous meubler cet appartement?

BEAUFUMET.

Rue Chauchat.

LA COMÈTE.

Je ne suis donc pas digne de loger sur la boulevard?

BEAUFUMET.

Si fait. Boulevard des Italiens.

LA COMÈTE.

Assez, Monsieur, vous m'indignez!

BEAUFUMET.

J'ai été trop loin.

LA COMÈTE.

Oser m'offrir des omnibus du Mississipi! Je n'aime pas les valeurs étrangères... avez-vous du trois pour cent?.. c'est solide.

BEAUFUMET.

Six mille, dont dix sous.

LA COMÈTE.

Non, en toute propriété.

BEAUFUMET.

Tu les auras.

LA COMÈTE.

Des esclaves, avez-vous dit! Non, Monsieur, non... ce qu'il me faut, à moi, c'est un bon cuisinier, une femme de chambre intelligente, un cocher et un petit groom.

BEAUFUMET.

Tu les auras.

LA COMÈTE.

Ah! c'est égal... abuser de ma jeunesse, de mon isolement, de mon inexpérience, pour faire miroiter à mes yeux tous les luxes, tous les raffinements de la vie parisienne... Ah! Alfred... Alfred!.. c'est horrible... j'accepte.

BEAUFUMET.

O bonheur!

LA COMÈTE, à part passant à gauche.

En voilà un que je rôtirai drôlement!

SCÈNE VII.

LES MÊMES, JUPITER.

JUPITER, entrant par la gauche en mangeant du baba*.

Sapristi! que c'est bon, comment diable font-ils ces choses-là!

BEAUFUMET, l'apercevant.

Ah! vous voilà, Monsieur?

JUPITER.

Le mari!.. Eh bien?

BEAUFUMET, d'un ton ironique.

Monsieur, vous êtes charmant!.. (Lui donnant un coup de pied.) V'lan! vil calomniateur!..

JUPITER.

Un soufflet par derrière?

BEAUFUMET, lui donnant une carte, qu'il tire de son gousset.

Voilà ma carte.

JUPITER, à part.

Comment, il me frappe et il m'invite à l'aller voir!

LA COMÈTE, reconnaissant Jupiter.

Que vois-je!... se peut-il!...

JUPITER.

Tiens, c'est toi?

BEAUFUMET.

Vous connaissez Madame?

JUPITER.

Si je la connais! c'est...

LA COMÈTE.

C'est mon oncle.

JUPITER, à part.

Son oncle!

BEAUFUMET.

Ah! Monsieur! je suis désespéré... croyez que si j'avais su... je donne ce soir une petite fête que votre aimable nièce veut bien embellir de sa présence, et j'espère que vous ne refuserez pas de l'y accompagner.

JUPITER.

Ah! c'est pour cela que vous m'avez donné votre carte?

BEAUFUMET.

Non, diable! (Tirant un portefeuille de sa poche.) Je me suis trompé... c'était pour mon grand hôtel doré de la rue de Provence... En voici une pour mon petit hôtel du faubourg... également doré... (Il lui donne une carte qu'il prend dans son portefeuille **.) C'est là que je traite ce soir... Mais pardon... (Il passe près de la comète.) Chère belle, je vais faire avancer ma voiture, et je re-

* La com. Jup. Beau.
** La com. Beau. Jup.

viendrai vous prendre... Au revoir, chère belle. . (Il sort par la droite en laissant tomber son portefeuille.)

SCÈNE VIII.

LA COMÈTE, JUPITER.

JUPITER.

Voilà un Monsieur qui a l'air bien aimable.

LA COMÈTE.

Lui!... C'est-à-dire que c'est un vieux scélérat, que je grillerai avec un plaisir...

JUPITER.

Tu le grilleras?

LA COMÈTE.

Ah ! que tu avais bien raison!... quel monde que celui-ci!...

JUPITER.

Eh bien! non, je t'assure que je commence à m'y faire.

LA COMÈTE.

AIR de madame FAVART.

Tous les mortels sont des infâmes!

JUPITER.

Moi, j'en excepte les glaciers.

LA COMÈTE.

Je brûl'rai les hommes et les femmes!

JUPITER.

Mais grâce pour les pâtissiers.

LA COMÈTE.

Ils ne disent que des fadaises,
Ils ne font que des serments faux,
Et que des actions mauvaises...

JUPITER.

Mais ils font d'excellents gâteaux;
S'ils font des actions mauvaises,
Ils font aussi de bons gâteaux.

LA COMÈTE.

Comment! c'est vous qui les défendez?

JUPITER.

Je défends la pâtisserie... Viens, je te payerai un baba; tu verras... (Il remonte.)

LA COMÈTE.

Non, je reste ici. (Elle passe à droite.)

JUPITER *.

Eh bien! je t'attendrai au buffet... (S'en allant.) Je ne sais pas, moi, mais depuis que j'ai goûté de leur cuisine, je ne suis plus si moral, ça me corrompt, je deviens canaille, quoi! (Il sort par la gauche.)

* Jup. la com.

SCÈNE IX.

LA COMÈTE, ensuite LE PIERROT de la première scène.

LA COMETE.

Ah! si ce n'était ce jeune homme... monsieur Arthur, certainement, ce serait dommage de le rôtir, lui...

LE PIERROT, entrant par la droite, un peu plus gris qu'à la première scène. — A la cantonade *.

Estelle... tu es charmante!... je t'adore, Estelle... mais va te promener!... (Arrêtant un garçon de café ** qui traverse de gauche à droite.) Je te demande un peu s'il y a du bon sens... je m'approche d'une bergère, et je lui propose des ostendes... elle me répond : j' veux bien des truffes!...

LE GARÇON, se dégageant.

Qu'est-ce que ça me fait? (Il sort par la droite.)

LA COMÈTE, à part ***.

Encore ce pierrot!...

LE PIERROT.

Des truffes?... une bergère!... c'est pas des goûts champêtres, ça!... (Il remonte et aperçoit le portefeuille.) Qu'est-ce que c'est que ça?... un portefeuille... (Il le ramasse.)

LA COMÈTE, à part.

Un portefeuille!

LE PIERROT, regardant dans le portefeuille.

Bigre! des billets de mille... (Cherchant.) A qui que ça peut être?... (Lisant sur une carte.) « M. Beaufumet, banquier, faubourg « Saint-Honoré... Sufficit. (Il met le portefeuille dans sa poche, et s'éloigne en chantant :)

Bah! l'or est une chimère...
Sachons nous en servir.

(Appelant.) Estelle!... Estelle!... (Il sort par la gauche.)

LA COMÈTE.

Il garde le portefeuille! Ah!... c'en est trop... je vais chercher ma queue... (S'arrêtant.) Mais ce pauvre Arthur, qui m'aime d'un amour si sincère... Oh! il n'est pas trompeur, lui, il ne dit que ce qu'il pense, et il ne pense qu'à moi, j'en suis bien sûre. (Elle remonte un peu.)

SCÈNE X.

LA COMÈTE, ARTHUR, HERMINIE.

ARTHUR, entrant par la droite, avec Herminie.

Partir! vouloir quitter ce bal... où vous étiez venue pour moi!...

LA COMÈTE, à part.

Que vois-je? (Elle reste au fond.)

* La com. Pier.
** La com. le gar. Pier.
*** La com. Pier.

HERMINIE, tout en traversant le théâtre avec Arthur.

J'ai eu tort, et si vous m'aimiez, Arthur...

ARTHUR.

Si je vous aime?... Mais vous êtes ma vie!... vous êtes mon âme!... je n'ai jamais aimé, je n'aimerai jamais que vous...

HERMINIE.

Arthur!...

ARTHUR.

Oh! je vous en prie... (Cette petite scène a été jouée en traversant le théâtre. Les deux personnages ne se sont pas arrêtés; leurs voix se perdent dans la coulisse. — Ils sortent par la gauche.)

LA COMÈTE, seule.

Ah!... c'est trop fort!... c'est trop révoltant!... c'est trop ignoble!...

AIR de *Renaud de Montauban*.

Brûlons tout ça!... ce Paris détesté
Doit flamber avec sa banlieue!...
Brûlons ces cœurs sans foi, sans probité!
Tremblez mortels, je vais chercher ma queue!
Brûler Arthur!... oui, c'est un chenapan...
Et cependant ma vengeance recule.
Puis-je brûler celui pour qui je brûle,
Sans me brûler en le brûlant!

(Elle se masque.)

SCÈNE XI.

HERMINIE, LA COMÈTE.

HERMINIE, rentrant par la gauche.

Ah! Madame, je vous cherchais.

LA COMÈTE, à part.

Elle!...

HERMINIE, à la Comète, vivement.

Vous m'avez sauvée!... Il est bientôt trois heures... il faut que je quitte le bal, pour éviter les soupçons... veuillez reprendre votre costume et me rendre le mien... (Elles changent de domino.)

LA COMÈTE, à part.

Oui, oui, va, tu n'as qu'à te bien tenir... toi.

HERMINIE, qui a passé à droite *.

Croyez que s'il était en mon pouvoir de reconnaître...

LA COMÈTE.

Je vous remercie, Madame, et peut-être, en effet, recevrez-vous avant peu ma visite.

HERMINIE.

Votre visite?

LA COMÈTE.

Oui, je compte aller vous voir le treize juin...

* La com. Her.

HERMINIE.

Vous serez la bienvenue, et... (Regardant à droite.) Ciel!.. mon mari! ne vous démasquez pas!...

SCÈNE XII.

LES MÊMES, BEAUFUMET, ensuite ARTHUR.

BEAUFUMET, entrant par la droite et allant à sa femme *.

Viens! ô mon adorée, la voiture nous attend...

ARTHUR, entrant par la gauche et allant à la comète.

Ah! vous m'aviez échappé, Madame, mais je vous retrouve, et... (Apercevant Beaufumet.) Ciel! le mari!...

BEAUFUMET, passant près de la Comète **.

Ah! c'est vous, Arthur?... nous partons, cher ami... venez avec nous...

ARTHUR.

Pardon; mais je ne suis pas seul, et...

BEAUFUMET.

Venez avec Madame; vous savez bien que chacun doit amener sa chacune...

ARTHUR.

Non, merci... plus tard...

LA COMÈTE, se démasquant pour Arthur seulement, bas.

Je veux y aller, moi.

ARTHUR, à part.

Ah bah!

BEAUFUMET.

Allons, comme vous voudrez!

ARTHUR.

Pardon, je me ravise.

BEAUFUMET.

A la bonne heure.

ARTHUR, à part.

AIR de *la Corde sensible.*

Qu'importe la brune ou la blonde!

BEAUFUMET, à sa femme.

Je t'aime!

HERMINE, à part.

Je me vengerai!

ARTHUR, à la Comète.

Je t'adore!

LA COMÈTE, à part.

Oh! le joli monde!
Et comme je le rôtirai!...

* La com. Beau. Her.
** Art. la com. Her. Beau.
*** Art. la com. Beau. Her.

ENSEMRLE.

Qu'un joyeux souper nous rassemble!
Afin de bien nous divertir,
Partons gaîment, partons ensemble :
Vive l'amour et le plaisir!

(Ils sortent tous quatre bras dessus bras dessous par la droite.)

SCÈNE XIII.

JUPITER, seul, arrivant par la gauche avec un gâteau dans chaque main.

Suite de l'air.

Ah! que c'est bon! comme je me régale!
J'ai comme ça
Croqué déjà
Biscuit, baba,
Croquets, polka,
Plum pouding à la chipolata!
Non, la terre n'a pas d'égale...
Ce n'est que là
Qu'on se régal' comm' ça!
Et maintenant l'heure m'appelle
Au rendez-vous de Beaufumet;
Mais il me faudrait une belle,
Pour la conduire à ce banquet.

(Ici, on voit entrer par la gauche une jeune fille masquée *.)

Que vois-je? Eh! mais cette petite...
Elle est bien faite, elle me va...
Ah! ma foi tant pis, je l'invite...
On en dira ce qu'on voudra.

(A la jeune fille.)

Ma belle en voyant un sauvage,
N' sois pas ici
Sauvage aussi;
Sans t'attraper,
Sans te tromper,
Chère amour, j' t'invite à souper.

LA JEUNE FILLE, lui prenant le bras. — Parlé.

Ça me va!...

JUPITER, continuant le chant.

O terre! reçois mon hommage!.,
Ce n'est qu'ici
Qu'on peut s'entendre ainsi.
Qu'un joyeux souper nous rassemble!
Afin de bien nous divertir,
Partons gaîment, partons ensemble...
Vive l'amour et le plaisir!

ENSEMBLE.

Qu'un joyeux souper... etc., etc.

(Ils sortent en dansant par la droite. Le théâtre change.)

* Jup. La jeune fille.

TROISIÈME TABLEAU.

Un salon très-riche : au milieu, une grande table somptueusement servie. Ce salon est tout ouvert sur un second salon; portes latérales; des siéges autour de la table.

—

SCÈNE PREMIÈRE.

TROIS VALETS, dorés.

AIR :

Apprêtons
Les flacons,
Et dressons la table...
Vive le crésus,
Que nous servons pour ses écus!
Ce festin,
C'est certain,
Sera délectable,
Et nous goûterons
Aux bons mets que nous servirons.

(Pendant ce couplet, les valets apportent la table sur le devant, et se retirent au fond, à la voix de Beaufumet.)

BEAUFUMET, en dehors.

Le pas gymnastique, mes enfants!

SCÈNE II.

ARTHUR, LA COMÈTE, JUPITER, BEAUFUMET, HERMINIE, MASQUES, VALETS.

(Beaufumet et Herminie entrent par le fond, à droite, suivis de tous les autres personnages. Sur le chœur suivant, tous font, en dansant, le tour de la table.

CHŒUR.

AIR : Dernière figure du quadrille des *Lanciers*.

Quel joyeux instant!
Le souper nous attend.
Que les vins
Les plus fins,
Égayant nos festins,
Narguant les chagrins,
Jusqu'au retour
Du jour,
Nous bercent tour à tour
De folie et d'amour!

BEAUFUMET *.

Halte! front!

TOUS, avec admiration.

Ah! quel palais!

BEAUFUMET, à Herminie.

A toi cet immeuble!.. à toi ces laquais!..

HERMINIE.

Et votre femme?

BEAUFUMET, riant.

Ma femme?.. connais pas!..

JUPITER.

Sapristi!... ça sent la truffe ici!..

BEAUFUMET.

Mes enfants, pendant que l'écaillère fait son devoir, je propose à la société de visiter mon riche hôtel.

TOUS.

Adopté!

BEAUFUMET.

Alors, reprise du chœur... En avant, arche!..

CHŒUR.

Quel joyeux instant, etc.

(On sort par le fond, à gauche, comme on est entré, avec tumulte. Arthur reste seul avec la Comète.)

SCÈNE III.

LA COMÈTE, ARTHUR, puis HERMINIE.

ARTHUR, riant.

Ah çà! à qui diable Beaufumet donne-t-il donc le bras?

LA COMÈTE.

Qu'est-ce que ça vous fait?...

ARTHUR.

Tu es jalouse? tu m'aimes donc?

LA COMÈTE.

Et vous?

ARTHUR, lui prenant la taille.

Moi!.. mais je t'adore!.. Quelle taille!.. quelle petite main!.. et des yeux!.. à incendier le monde!..

LA COMÈTE, à part, passant à droite **.

J'ai un autre ornement pour ça!..

ARTHUR.

Ah! je t'adore... vrai, je suis fou de toi!.. (Il l'embrasse.)

* Art. la com.
** Her. Art. la com.

HERMINIE, qui vient d'entrer par la gauche *.

Vous en êtes bien persuadé, Arthur?..

ARTHUR.

Parbleu !

HERMINIE.

Mais il est une autre femme à qui vous disiez les mêmes paroles d'amour.

ARTHUR.

Une autre? qui ça?

HERMINIE.

Une femme mariée!

ARTHUR.

Une femme mariée?.. qui ça?.. Ah!.. Herminie!.. une petite femme sentimentale, qui a des vapeurs, des migraines... qui voudrait jouer à l'héroïne de roman!... des yeux bleus... des cheveux blonds... ou bruns...

HERMINIE, se démasquant.

Châtains, Monsieur!

ARTHUR, anéanti.

Herminie!

LA COMÈTE, à part.

Tiens, c'est amusant.

ARTHUR.

Herminie, je vous jure...

HERMINIE.

Je vous remercie, Arthur... vous m'avez fait échapper à un grand danger... j'allais peut-être vous aimer... maintenant, c'est fini, je suis sauvée!

LA COMÈTE, à part.

Tiens, elle a du cœur, cette petite!

HERMINIE.

Et malgré ses torts, je ne veux plus aimer que mon mari.

LA COMÈTE, à part.

Retour du roi d'atout... le valet de cœur est démoli!

BEAUFUMET, en dehors.

Mais j'avais demandé une truite saumonée!

HERMINIE, mettant son masque.

C'est lui!.. le monstre!..

SCÈNE IV.

LES MÊMES, BEAUFUMET.

BEAUFUMET, entrant par la gauche et voyant Herminie. A part **.

Mon petit domino !.. (Il court sur la pointe du pied et prend la taille de sa femme. Haut.) Coucou!.. Ah! le voilà!..

* Jup. la com. Art. Her. Beau.

** Beau. Her. la com. Art.

ARTHUR, bas à la comète qui s'est assise à gauche.

Le mari!..

LA COMÈTE, bas.

Le Beaufumet!..

BEAUFUMET, à Herminie.

Quelle main!.. quel pied!.. quelle taille!.. Ah! je t'adore!..

HERMINIE.

Mais vous êtes marié!

BEAUFUMET.

Qu'est-ce que ça fait?..

LA COMÈTE, à part.

Barbotte, mon bonhomme, barbotte!

BEAUFUMET, à Herminie.

Ma femme dort du sommeil de l'innocence... Elle ne se doute de rien, la malheureuse!.. Figure-toi qu'elle est dame patronesse, ma femme... et ce matin, sous prétexte que j'avais gagné sur les Méditerranée, elle a voulu me tirer une carotte de dix mille francs... pour ses pauvres!.. (Riant.) Ah! ah! ah!.. elle est bien bonne!.. Ah! ah! ah!..

HERMINIE.

Mais on dit que votre femme est jolie.

BEAUFUMET.

Hum!.. hum!.. un minois chiffonné... des yeux... gris... ou verts...

HERMINIE, se démasquant.

Bleus, Monsieur.

BEAUFUMET, stupéfait.

Ma femme!..

ARTHUR, à part.

Chacun son tour.

HERMINIE, à son mari.

C'est dix mille francs.

BEAUFUMET, ahuri.

Ma femme!... ah! mon Dieu!.. ah! mon Dieu!.. ah! mon Dieu!..

HERMINIE.

C'est dix mille francs... pour mes pauvres.

BEAUFUMET.

Figure-toi que c'est un grand sauvage qui m'a entraîné... Tu sais... j'ai voulu rire un peu... il faut bien que...

HERMINIE, souriant.

Que vieillesse se passe...

BEAUFUMET, vivement.

Tu veux dix mille francs?.. (Se fouillant.) Ah! sapristi!.. j'ai perdu mon portefeuille!

LA COMÈTE, à part.

Le portefeuille de l'Opéra!...

HERMINIE.

Oh! Monsieur... cette ruse est bien connue!...

BEAUFUMET.

Tu doutes de ton Alfred?.. (Lui donnant une petite clef.) Tiens, voici la clef de ma caisse.

HERMINIE.

Je l'accepte... et je vous pardonne... (Regardant Arthur.) Tout le monde a besoin d'indulgence.

BEAUFUMET.

Ma chère amie, je t'accompagne.

HERMINIE.

Non... restez... seulement, quand vous rentrerez au bercail, je vous ferai voir un vieux papier qui commence ainsi : « Le « 6 avril 1807, il nous a été présenté un enfant du sexe mas- « culin... »

BEAUFUMET.

Qui ça?

HERMINIE.

Vous!...

BEAUFUMET.

Moi?... mon acte de naissance?

HERMINIE.

Rédigé, il y a cinquante ans. — Grâce à ceci! (Elle montre la clef.) Je vous permets de rester... mais que cette nuit de folie soit la dernière!...

BEAUFUMET.

Je te le jure, Herminie, de par la mémoire de Louis XV!

JUPITER, en dehors.

A table!

D'AUTRES VOIX, en dehors.

A table!

HERMINIE.

Allons, mauvais sujets, amusez-vous... mais demain...

BEAUFUMET.

Demain la raison!... aujourd'hui le dernier verre de champagne!... (Il remonte un peu.)

ARTHUR, s'approchant d'Herminie, bas *.

Oh! je vous reverrai!...

HERMINIE, bas.

Jamais!...

LA COMÈTE, à part, en se levant.

Elle a du cœur... elle est charitable... je ne la brûlerai pas!

HERMINIE, en riant, à son mari, qui est redescendu près d'elle.

Cinquante ans!... A demain, monsieur Beaufumet... et merci!

* Beau. Her. Art. la com.

(Elle sort par la droite. — Au même instant, entrent par la gauche tous les masques, Jupiter en tête. — Les valets les suivent, la serviette sur le bras.)

SCÈNE V.

ARTHUR, BEAUFUMET, JUPITER, LA COMÈTE, MASQUES, VALETS.*

CHŒUR.

AIR de *Roger Bontemps.*

Moment d'ivresse
Et d'allégresse!
Tous les plaisirs sont ici réunis!
Gaîté, folie!
Femme jolie
Font de la terre un joyeux paradis.

JUPITER, montrant la table.

Asseyons-nous puisque la table est mise,
Et de ces vins, sachons éloigner l'eau!
Que l'on s'amuse, et surtout qu'on se grise!..
Tâchons de faire un repas rigolo.

TOUS.

A table! à table!

LA COMÈTE, à part.

C'est agréable!
Je vais passer un doux moment;
Et la comète
Veut, sur la tête,
S'en retourner au firmament.

REPRISE, CHŒUR.

Moment d'ivresse, etc.
(On se met à table.)

BEAUFUMET, aux valets.

Esclaves, versez! (Les valets versent.)

TOUS, chantant à tue-tête.

A boire! à boire! à boire!
Commençons tous par boire!
Beaufumet nous a invités,
Nous devons boire à sa santé.

JUPITER.

A la santé de Beaufumet!

TOUS.

A la santé de Beaufumet!.. (On trinque bruyamment en riant.)

JUPITER, buvant.

Sapristi!.. que c'est bon!.. ça s'appelle du champagne, ça?..

* La com. Art. Beau. Jup.

BEAUFUMET.

De la veuve Cliquot!..

JUPITER.

Elle est veuve!.. avec du champagne comme ça, elle n'a pas trouvé à se remarier?.. Je l'épouse!.. (Tous rient.)

BEAUFUMET.

Ah çà! mon cher Arthur, je vous croyais au lit depuis huit jours... votre rhume n'a donc pas eu de suites?.. Figurez-vous, Mesdames, que mon ami Arthur, ici présent, est un héros!..

ARTHUR.

Ah! Beaufumet, je vous en prie... pas d'histoires, hein?..

TOUS.

Si! si!.. on demande l'histoire.

JUPITER.

On demande l'histoire d'Arthur.

BEAUFUMET.

Eh bien! il s'est jeté à l'eau pour repêcher un Monsieur...

TOUS, applaudissant.

Ah! bravo! Arthur, bravo!

ARTHUR, se levant.

Eh parbleu!.. c'est tout simple!.. Je passais sur le Pont-Royal!.. tout à coup, je vois un pauvre diable qui se précipite...

TOUS.

Ah!

ARTHUR.

Je me dis : Parbleu!.. voilà un gaillard qui sera très-fâché demain de ce qu'il fait aujourd'hui, et alors... vlan!.. j'ai piqué une tête!.. Mes enfants, c'est étonnant comme l'eau est froide en janvier... Enfin, j'ai rattrapé mon individu... je l'ai sauvé d'abord, et je lui faisais de la morale, en le tenant d'une main et en nageant de l'autre... « Monsieur, lui disais-je, c'est une stupidité; on ne se jette pas à l'eau en janvier .. on attend que les bains Deligny soient ouverts. Vous ne savez pas nager? — Non. — Quelle imprudence!.. avec ces idées-là, vous auriez dû apprendre... Pour qui vous noyez-vous? — Pour une femme. — En êtes-vous fâché? — Je commence à l'être. — Pourquoi? — Parce qu'elle n'en vaut pas la peine. — Vous ne recommencerez plus? — Non. — Vrai? — Parole d'honneur.» Et nous abordâmes au milieu d'un tas de gens qui ouvraient des yeux... Je l'ai sauvé... mais quel rhume, mes enfants!.. Vive le mois de juillet! à la santé des bains Deligny!

TOUS, très-gaiement.

A la santé d'Arthur! (On trinque.)

LA COMÈTE, à part.

Peste! il a du courage, ce petit gredin-là... Coquin avec les femmes, mais du courage!.. Je ne le rôtirai pas.

JUPITER, qui commence à se griser, se levant et allant à Arthur en chancelant.

Tu as fait ça, ma vieille?... c'est très-bien! Arthur, laisse-moi t'embrasser... Mes enfants, j'en pleure. (Il embrasse Arthur. Tous se mettent à rire; puis Jupiter et Arthur se rasseyent. — Le pierrot entre par la droite.)

SCÈNE VI.

LES MÊMES, LE PIERROT du deuxième tableau.

LE PIERROT *.

Pardon!.. faites excuse...

TOUS.

Un pierrot!..

LE PIERROT, venant devant la table **.

Monsieur Beaufumet, s'il vous plait?

BEAUFUMET.

C'est moi.

LA COMÈTE, à part.

Le filou de l'Opéra.

LE PIERROT, à Beaufumet.

Dites donc, vous, vous avez un tailleur qui ne soigne pas assez vos doublures... v'là ce qui est passé à travers! (Il tire le portefeuille de sa poche.)

BEAUFUMET.

Mon portefeuille!

LE PIERROT, le lui donnant.

Le v'là, mon bourgeois! (Il va pour se retirer.)

BEAUFUMET ***.

C'est très-bien... attends, mon garçon... je vais... (Il fouille à sa poche.)

LE PIERROT.

De quoi?.. une récompense honnête... comme pour un caniche égaré... Bien des remerciements pour l'intention, bourgeois, mais je connais pas ça!...

JUPITER, au pierrot, en se levant.

Tu refuses, ma vieille... c'est sublime!.. Pierrot, laisse-moi t'embrasser. (Il l'embrasse, puis se rassied. — On rit.)

LE PIERROT.

Seulement, puisqu'on s'amuse, j'accepterai bien tout de même un verre de champagne...

BEAUFUMET, tendant un verre.

Un verre et une chaise pour pierrot!.. (Le pierrot s'assied. On lui verse à boire.)

LA COMÈTE, à part.

Un pierrot qui rapporte!.. ils ont donc du bon, ces gredins-là?...

* La com. Art. Beau. Jup. le pier.

** La com. Art. le pier. Beau. Jup.

*** La com. Art. Beau. Jup. le pier.

JUPITER, buvant, à part.

Dire qu'il n'y a pas de champagne dans ma boule!.. Ah! j'ai une boule bien arriérée!..

BEAUFUMET.

On ne boit pas assez!.. Du vin!.. Par Richelieu, amusons-nous, mes enfants!.. N'oublions pas que c'est bientôt la fin du monde!

TOUS, riant.

Ah! oui... au fait!..

JUPITER.

La fin du monde!.. allons donc!..

AIR de M. MANGEANT.

On ne doit pas brûler tout ça,
Car l'homme se rit des obstacles,
Et, pour enfanter des miracles,
Sur la terre, Dieu le plaça.
Partout sa force se révèle.
En recherchant l'ancien Paris,
On voit une cité nouvelle
Qui s'élève sur ses débris.
Ici règne l'humanité,
Et, lorsque gémit l'indigence,
Partout on voit surgir en France
Des temples à la charité.
L'Institut, ce corps littéraire,
S'il brûlait, serait donc forcé
D'arrêter son dictionnaire,
Qui n'en est qu'à la lettre C.
Non, jamais on ne brûlera
Ce Louvre, qui vient d'apparaître,
Et du siècle, qui le vit naître,
Longtemps le monde parlera.
Certe, il reste beaucoup à faire;
Mais ceux qui connaissent les cieux
Peuvent affirmer que la terre
Est encor ce qu'on fit de mieux!

CHŒUR, REPRISE.

On ne doit pas brûler tout ça,
Car l'homme se rit des obstacles.
Et, pour enfanter des miracles,
Sur la terre Dieu le plaça!

JUPITER.

Quel est le misérable qui oserait détruire un monde aussi

* La com. Art. Beau. le pier. Jup.

admirable!.. un monde qui produit un tas de bonnes choses... Garçon, du champagne de la veuve Coquelicot!.. (On rit.)

ARTHUR.

Oui... et chantons la comète.

TOUS.

Bravo! à la comète!..

ARTHUR, se levant.

AIR du *Moujick* (Folies-Nouvelles).

Narguons le destin
Qui veut briser notre planète;
Et, si c'est demain,
Qu'il nous trouve le verre en main!
Ah! ah!
Je bois à
La santé de la comète!

LA COMÈTE, se levant.

Ah! ah!
Ça me va...
Merci de c'te santé-là.

CHŒUR.

Ah! ah!
Buvons à
La santé de la comète.
Ah! ah!
Ça me va!
Buvons à c'te santé-là.
(Arthur se rassied.)

LA COMÈTE.

DEUXIÈME COUPLET.

La comèt' s'y f'rait,
Et, si dans ces lieux où nous sommes
Elle descendait,
Je suis sûr qu'elle vous dirait :
« Ah! ah!
« Ça me va...
« J' bois à la santé des hommes!..
« Ah! ah!
« Ça me va...
« J'aime ces galopins-là! »

CHŒUR.

Ah! ah!
Elle va
Boire à la santé des hommes.
Ah! ah!
Ça lui va,

Elle aim' ces galopins-là.
(La comète s'assied.)

JUPITER, qui vient de boire du champagne.

TROISIÈME COUPLET.

J' croyais qu' c'était d' l'eau...
C'est du nectar... divin mystère!...
Près d'ce vin nouveau,
Le nectar même est rococo.
Ah! ah!
Qu' c'est bon ça!
Mes amis, tant que la terre
Aura
De c' vin-là
Jamais ell' ne finira!

CHŒUR.

Ah! ah!
Qu' c'est bon ça!
Mes amis, tant que la terre
Aura
De c' vin-là
Jamais ell' ne finira!

LE PIERROT, se levant de table.

Ah! saperlotte!.. il fait trop chaud!..

ARTHUR, de même.

Le fait est qu'on étouffe ici!..

TOUS, de même.

Ah! de l'air!.. de l'air!.. (Jupiter seul reste à table.)

BEAUFUMET*.

Non, pas d'air!.. du champagne!.. versez, esclaves, versez!.. Quatrième couplet!.. (Pendant le couplet suivant, tous les masques s'asseyent dans les coins du salon. — Le pierrot se couche sous la table. — Arthur s'étend à terre, la tête appuyée sur une chaise renversée, sur le devant à gauche. — Tous s'endorment. — Restent seuls debout la comète et Beaufumet. — Jupiter est toujours à table et boit coup sur coup.)

QUATRIÈME COUPLET.

Je suis un crésus,
Que trop de sagesse importune;
Comme Lucullus,
Moi, je fais rouler mes écus.
Ah! ah!
Il faudra
Que je mange ma fortune!...
Ah! ah!
A cela
Tout le monde m'aidera!
Ah! ah!

Tiens... on ne fait pas chorus!.. (Se retournant.) Oh! ils dorment tous... (L'orchestre seul a achevé le refrain piano. — Allant à Jupiter.) Tu ne dors pas, toi, sauvage!..

JUPITER*.

Non... je vais resouper tout à l'heure!..

BEAUFUMET, avec admiration.

Bah!.. depuis combien de jours n'as-tu donc pas mangé?

JUPITER.

Depuis six mille ans!..

BEAUFUMET, riant.

Ah! farceur!... J'ai mal à la tête!.. je vais faire un somme... (Il va, en trébuchant, s'asseoir sur une chaise à droite et s'y endort, peu à peu.)

LA COMÈTE, qui a examiné tous les dormeurs, s'approchant de Jupiter**.

Qu'est-ce que tu dis de tout cela, toi?

JUPITER, buvant et tout à fait gris.

Moi?.. je suis enchanté d'être venu!..

LA COMÈTE.

Décidément, il sont assez gentils, ces gredins d'hommes!..

JUPITER.

Et comme ils se nourrissent bien!..

BEAUFUMET, chantonnant en dormant.

Ah! ah!
Buvons à
La santé de la comète!..
Ah! ah!

Sapristi! que j'ai mal à la tête! (Musique céleste. — Le fond du théâtre s'ouvre et l'on voit toutes les planètes groupées sur des nuages. — Elles descendent doucement en scène et viennent entourer la table.)

SCÈNE VII.

LES MÊMES, TOUTES LES PLANÈTES du premier tableau.

VÉNUS, à Jupiter et à la comète.

AIR : *Polka des deux vieilles gardes* (DELIBES).

Tous deux ainsi!
Que faites-vous ici?

PALLAS.

Comme cela,

* Art. la com. le pier, Beau. Jup.
** Art. le pier. Jup. Beau.

Quoi! rester là ?

JUNON.

Pourquoi rester?

VESTA.

Pourquoi vous arrêter?

CÉRÈS.

C'est le moment
De frapper maintenant.

LA COMÈTE.

Frapper les hommes! ma foi non,
Ils ont du mauvais et du bon.

JUPITER, *se levant.*

D'abord tous leurs mets sont divins,
Et puis ils ont d'excellents vins.
Goûtez, mes sœurs, ne craignez rien ;
Goûtez, goûtez, ça fait du bien.

VÉNUS.

Goûtons, cela n'engage à rien.

PALLAS, *buvant.*

Tiens, c'est gazeux.

CÉRÈS, *buvant.*

Mais c'est délicieux.

JUNON, *de même.*

C'est pétillant.

VESTA, *de même.*

C'est excellent!

PALLAS, *de même.*

Dieu! quel bouquet!

VÉNUS, *à Jupiter.*

Verse ce vin coquet...
Verse à plein bord!

TOUTES, *tendant leurs verres.*

Encor, encor, encor!

ARTHUR, *à moitié endormi.*

Ah! c'est bien drôle assurément...
C'est un rêve certainement...
Mais, là-bas, j'aime à regarder
Les planètes se pocharder.

LA COMÈTE, *au public.*

Messieurs, si vous êtes cléments,
Je ne repasserai céans
Que dans deux ou trois cent mille ans!
Mais, si je suis
Au milieu d'ennemis,
Oh! sans merci,
Je sors d'ici,

* Art. la com. Vén. Pal. Jun. Vest. Cér. Jup. Beau.

Et je reprends,
Là-haut, en même temps,
Avec bonheur,
Ma queue et ma fureur!

ENSEMBLE.

Soyez prudents,
Craignez les accidents;
Ne dites rien,
Tout ira bien...
Nous serons tous
A l'abri de ses coups,
Si nous gardons la comète avec nous.

FIN.

Lagny. — Typographie de Vialat.

www.ingramcontent.com/pod-product-compliance
Ingram Content Group UK Ltd.
Pitfield, Milton Keynes, MK11 3LW, UK
UKHW021955260726
13994UKWH00004B/1761

9 782329 383118